# Spiele fürs Büro

# SPIELE

## *fürs* BÜRO

Eine Sammlung
anregender Bürospiele
für die effiziente Verwaltung
von Langeweile
an Ihrem Arbeitsplatz

zusammengewürfelt
von Steffen Kubitscheck

## *Wichtiger Spielverderber-Hinweis:*

Die aufgeführten Spiele bilden das Standard-Repertoire im modernen Büro und sind größtenteils langjährig erprobt. Dennoch können unerwünschte Folgeerscheinungen (wie etwa ein Berg voll Arbeit) nicht vollkommen ausgeschlossen werden.
Alle Mitspielerinnen und Mitspieler müssen daher selbst für die Folgen ihres Spiels einstehen. Zu Risiken und Nebenwirkungen fragen Sie Ihre Vorgesetzten oder am besten Ihre Ex-Kollegen.

Spiele fürs Büro – eine Sammlung anregender Bürospiele für die effiziente Verwaltung von Langeweile an Ihrem Arbeitsplatz, zusammengewürfelt von Steffen Kubitscheck
4. Auflage, im Februar 2019

Die erste Auflage erschien im September 2009 unter dem Titel:
Spiele fürs Büro – eine anregende Sammlung von Spielen für langweilige Stunden am Schreibtisch und um ihn herum.

Idee, Konzeption und Umsetzung:
© Steffen Kubitscheck

Die Bildchen auf der zweiten Titelseite sowie auf den Seiten 7, 9, 10, 11, 14, 15, 16, 17, 18, 19, 28, 30, 39, 42, 45, 46, 47, 48, 51, 54, 55, 56, 57 und 58 gehören zum Büropaket Microsoft Office 2000 Small Business.

Herstellung und Verlag: Books on Demand GmbH, Norderstedt

ISBN 978-3-8391-2310-2

## Zum Spielen:

## Noch einige Hinweise:

*Hinweis für Chefs und diejenigen, die gern Chef werden möchten:*
Spielen sorgt für gute Stimmung in der Pause, erhöht die Motivation, lässt die Zeit schneller vergehen und schafft Arbeitsplätze. Ausnahmen bestätigen die Regel.

*Hinweis für Nichtraucherinnen und Nichtraucher:*
Bitte haben Sie Verständnis für verschwundene Raucherinnen und Raucher (wegen der Raucherpause).

*Hinweis für Gleichstellungsbeauftragte:*
Für Personenbezeichnungen wird im Folgenden meist nur die männliche Form (zum Beispiel Mitspieler) verwendet. Dies erfolgt der Einfachheit halber und soll keineswegs eine Diskriminierung des weiblichen Geschlechts darstellen.
Alle Mitspielerinnen sind selbstverständlich ebenso gern willkommen, vielleicht sogar noch lieber ...

# ❶ Wer kommt als Letzter?

*ab 2 Mitspielern*
*Spielpersonen: die Teilnehmer*
*einer morgendlichen Besprechung*
*oder eines Meetings*

Die Mitspieler überlegen sich, welcher Kollege oder welche Kollegin als Letzter eintreffen wird. Damit der Zieleinlauf nicht beeinflusst wird, sollten nicht zu viele Mitspieler eingeweiht werden. Wer richtig tippt, hat gewonnen.

# ❷ Wer geht als Erster?

*ab 2 Mitspielern*
*Spielpersonen: die Teilnehmer*
*einer nachmittäglichen Besprechung*
*oder eines Meetings*

Bei diesem Spiel geht es darum, vorherzusehen, welcher Teilnehmer oder welche Teilnehmerin das Spielfeld als Erster verlässt. Das Wettgeschehen sollte wiederum diskret vonstattengehen.
Wer tippt richtig?

# ❸ *Welche Farbe(n) hat meine Bluse?*

ab 2 Mitspielern
*Zubehör: Bekleidung;*
*eventuell ein Blatt Papier und ein Stift*

Grün, grün, grün sind alle meine Kleider ...
Stimmt nicht, Vielfalt ist angesagt! Welche Farbe mag es wohl sein, die meine Bluse (mein Pullover, mein T-Shirt) heute ziert, fragt die Mitspielerin, wenn sie mit zugeknöpftem Mantel ins Zimmer tritt (nur in der kühlen Jahreszeit zu spielen). Alle dürfen mit raten. Wer richtig rät, darf ihr aus dem Mantel helfen.

Sommer-Variante: die Farbe(n) vorher auf einem Zettel notieren

# ❹ Welche Farbe(n) hat meine Krawatte?

ab 2 Mitspielern
*Zubehör: Bekleidung, ein Bügel;
eventuell ein Blatt Papier und ein Stift*

Welche Krawatte er sich wohl heute um den Hals gebunden hat, fragt man sich und ist gespannt auf das Ergebnis. Deshalb betritt „Er" den Raum mit hochgeschlagenem Mantelkragen (nur in der kalten Jahreszeit zu spielen). Alle dürfen mit raten. Wer richtig rät, darf ihm die Jacke abnehmen und auf den Bügel hängen.

Variante für wärmere Tage: die Farbe(n) vorher auf einen Zettel schreiben

# ❺ *Händedruckstaffel*

## ab 6 Mitspielern

Die Mitspieler bilden zwei gleich große Gruppen. Die beiden Gruppen stellen sich im Kreis auf. Auf ein Startzeichen hin reicht der erste Mitspieler dem nächsten Gruppenmitglied die Hand, dieses wiederum dem nächsten, und so weiter. Das letzte Gruppenmitglied gibt den Händedruck wieder an den ersten Mitspieler zurück.

Der Händedruck kann einmal oder auch mehrmals durchgegeben werden. Gewonnen hat die Gruppe, in der der Händedruck am schnellsten die Runde gemacht hat.

## ❻ *Wochenend-Latein*

### ab 2 Mitspielern

Das Spiel für den ersten Tag der Woche: Ein Mitspieler berichtet von seinen Wochenend-Erlebnissen. Dabei schneidet er gehörig auf und erfindet einige Begebenheiten (zum Beispiel sei er noch ein paar Stunden im Büro gewesen). Wer eine Episode als unwahr erkennt, darf ebenfalls sein Wochenend-Latein zum Besten geben. Wer sich die schönste Geschichte ausdenkt, ohne dass sie jemand bezweifelt, ist der Gewinner.

## ❼ *Urlauber-Latein*

### ab 2 Mitspielern

Ein aus dem Urlaub gekommener Mitspieler erzählt, was er unterwegs alles erlebt hat. Dabei flunkert er, was das Zeug hält (zum Beispiel habe er mit einem wilden Tier gekämpft). Wer die tollkühne Geschichte als erfunden anmerkt und den Urlauber-Münchhausen überführt, darf seine eigenen Urlaubserlebnisse vom letzten Jahr aufwärmen und ausschmücken.

# ❽ Wer sich zuerst bewegt, hat verloren!

## ab 2 Mitspielern

Die Mitspieler sitzen auf ihren Plätzen und dürfen sich nicht bewegen. Plaudern, Witze erzählen und Lachen sind erlaubt, Gespräche über Arbeitsthemen sind hingegen tabu. Wer sich zuerst bewegt (zum Beispiel den Telefonhörer abnimmt) oder zu dienstlichen Angelegenheiten äußert, hat verloren.

# ❾ Wer zuletzt lacht, lacht am besten!

## ab 2 Mitspielern

Die Mitspielenden sitzen mit ernsten Gesichtern auf ihren Plätzen und blicken sich in die Augen. Sprechen ist nicht erlaubt. Jeder Mitspieler versucht nun, sein Gegenüber durch eine drollige Mimik und Gestik (Grimassen schneiden, wildes Gestikulieren) zum Lachen zu bringen. Wer zuletzt lacht, hat gewonnen.

# ❶⓿ *Ich sehe was, was du nicht siehst!*

ab 2 Mitspielern
*Zubehör: ein eingerichteter Büroraum*

Ein Mitspieler sagt: „Ich sehe was, was du nicht siehst, und das sieht blau (grün, gelb, rot, schwarz, weiß, grau, usw.) aus." Der Mitspieler denkt dabei an eine bestimmte Sache, die im Zimmer zu sehen ist: Das können zum Beispiel die Blumengießkanne oder die Computertastatur sein.
Alle Mitspieler raten mit und nennen nun die Dinge, die sie in dieser Farbe entdecken können.
Wer richtig rät, darf den nächsten Gegenstand auswählen und erraten lassen.

# ❶❶ *Ich sehe jemanden, den du nicht siehst!*

## ab 2 Mitspielern
### *Voraussetzung: ein Fensterplatz oder ein Platz mit Flurblick*

Ein Mitspieler sagt: „Ich sehe jemanden, den du nicht siehst, und dieser Jemand sieht wichtig (groß, klein, dick, dünn, ausgeruht, müde, usw.) aus." Der Mitspieler denkt dabei an eine bestimmte Person, die er vom Zimmer aus erspäht, und die von keinem anderen Mitspieler gesehen werden kann: Es handelt sich beispielsweise um den Kollege Meier.
Alle Mitspieler raten mit und nennen nun die Personen, die sie für den gesuchten Jemand halten. Wer richtig rät, darf aus dem Fenster schauen oder vor der Tür nachsehen und die nächste Person auswählen, die es zu erraten gilt.

# ❶❷ *Blindes Büro*

ab 2 Mitspielern
*Zubehör: ein eingerichteter Büroraum,
eventuell eine Augenbinde*

Ein Mitspieler muss die Augen zu machen oder es werden ihm die Augen verbunden. Dann wird ihm ein Gegenstand vorgelegt, den er mit den Händen ertasten soll. Kann er den Gegenstand richtig benennen, wird er erlöst, und der nächste Mitspieler ist dran.

Variante: Ein Mitspieler muss mit geschlossenen oder verbundenen Augen versuchen, einen anderen Mitspieler zu erhaschen. Gelingt es ihm, so ist dieser Mitspieler an der Reihe.

# ❶❸ Kollege, piep einmal!

## ab 3 Mitspielern
*Zubehör: zwei Stühle,*
*eventuell eine Augenbinde*

Die zwei Stühle werden nebeneinandergestellt. Ein Mitspieler wird gebeten, auf einem der beiden Stühle Platz zu nehmen. Der Mitspieler muss die Augen zumachen (nicht schummeln!) oder ihm werden die Augen verbunden. Nun setzt sich ein anderer Mitspieler neben ihn und wird von seinem Nachbarn aufgefordert: „Kollege, piep einmal!" Wenn der Kollege – mit verstellter Stimme – „Piep!" antwortet, muss sein Nachbar erraten, wer neben ihm sitzt. Rät er richtig, so muss der Kollege seine Rolle übernehmen.

# ❶❹ *Heiß und kalt*

ab 2 Mitspielern
*Zubehör: ein eingerichteter
Büroraum, eventuell eine Uhr*

Während ein Mitspieler aus dem Zimmer geschickt wird und draußen warten muss, wird ein bestimmter Gegenstand (zum Beispiel ein Kugelschreiber oder eine Büroklammer) versteckt. Der Mitspieler, der suchen muss, wird hereingerufen und genauestens beobachtet. Kommt er dem Versteck nahe, so wird gerufen: „Warm!", „Wärmer, wärmer!" oder „Heiß!". Entfernt er sich aber von dem gesuchten Gegenstand, so wird gerufen: „Kalt!", „Immer kälter!". Der Mitspieler soll suchen, bis er den Gegenstand gefunden hat.

Variante: mit Zeit stoppen (nach fünf Minuten erfolgloser Suche verloren)

# ❶❺ *Pausen würfeln*

ab einem Mitspieler
*Zubehör: ein Würfel,*
*ein Stift und ein Blatt Papier*

Jeder Mitspieler würfelt zweimal hintereinander mit einem Würfel. Um eine Pause („Fuffzehn") zu bekommen, müssen eine 1 und eine 5 gewürfelt werden. Es gilt, so viele Pausen wie möglich zu erzielen. Alle gelungenen Würfe werden notiert. Wer die meisten Pausen würfelt, hat gewonnen – und darf sich ein wenig ausruhen.

Variante: Falls nur ein Mitspieler würfelt, so darf dieser eine Pause einlegen, sobald er eine „Fuffzehn" gewürfelt hat.

# ❶❻ *Der Kaffee ist fertig!*

ab 2 Mitspielern
*Zubehör: Utensilien zum Kaffee kochen
(oder ein Kaffeeautomat) sowie eine Uhr*

Die Mitspieler bereiten Kaffee vor oder holen ihn vom Kaffeeautomaten. Wer den Kaffee am schnellsten mundgerecht (auf Wunsch mit Milch oder Zucker) an den Mann oder an die Frau bringt, hat gewonnen.

Variante: Der Tee ist fertig!

# ❶❼ *Kaffee-Raten*

ab 2 Mitspielern
*Zubehör: jeweils eine Tasse oder ein
Becher Kaffee, eventuell Milch und Zucker,
eventuell eine Augenbinde*

Der Mitspieler, der den Kaffee bekommt, muss die Augen schließen oder es werden ihm die Augen verbunden. Er muss nun erriechen oder erschmecken, um welches Getränk es sich handelt: Kaffee schwarz oder Kaffee mit Milch, Kaffee mit Milch und Zucker oder etwa ein Milchkaffee? Wer richtig rät, darf ihn austrinken.

# ❶⑧ *Kaffeetassenlauf*

ab 2 Mitspielern
*Zubehör: jeweils eine Tasse
(oder ein Becher) mit Kaffee*

Die Mitspieler stellen sich an den Kaffeeautomaten oder gehen nahe der Kaffeemaschine in Startposition. Mit einer gut gefüllten Tasse (oder einem Becher) Kaffee in der Hand, laufen sie auf das Kommando „Auf die Plätze – Kaffee – los!" eilig zu ihren Plätzen. Wer zuerst ankommt, ohne auch nur einen winzigen Tropfen zu verschütten, hat gewonnen.

# ❶⑨ *Würfelzuckerlauf*

ab 2 Mitspielern
*Zubehör: jeweils ein Kaffeelöffel und
ein oder zwei Stück Würfelzucker*

Jeder Mitspieler bekommt einen Kaffeelöffel, mit einem oder zwei Stück Würfelzucker darauf, in die Hand. Die Wettläufer stellen sich in einer Linie auf und laufen gleichzeitig los. Wer zuerst (zum Beispiel in der Teeküche) ankommt und den Würfelzucker unbeschadet bis ins Ziel bringt, hat den Lauf gewonnen.

# ❷⓿ *Kaffeetablettlauf*

ab 2 Mitspielern
*Zubehör: ein Tablett mit Kaffeegeschirr
sowie eine Uhr*

Jeder Läufer muss ein Tablett vom Start zum Ziel bringen. Auf dem Tablett steht allerlei Kaffeegeschirr (eine Kaffeekanne, Tassen, Untertassen und Kuchenteller). Das Geschirr soll nicht verrutschen oder nach unten fallen, ansonsten wird der Lauf wiederholt. Wer am langsamsten läuft, muss das Geschirr verteilen und den Kaffee einschenken.

# ❷❶ *Tablettspiel*

ab 2 Mitspielern
*Zubehör: ein Tablett mit verschiedenen
Utensilien sowie ein Geschirrtuch*

Auf dem Tablett stehen schmutzige Tassen, Teller und Untertassen. Mittendrin liegen Kaffeelöffel und Kuchengabeln. Flink wird ein Tuch über das Geschirr ausgebreitet. Die Mitspieler müssen nun schätzen, wie viele benutzte Utensilien auf dem Tablett sind. Wer am schlechtesten schätzt, muss die Geschirrmaschine bestücken – oder von Hand spülen.

# ❷❷ *Vertipp dich nicht!*

ab 2 Mitspielern
*Zubehör: ein Computer mit Bildschirm und Tastatur oder eine Schreibmaschine, eine Zeitung oder ein Buch sowie eine Uhr*

Das Sekretärinnen-Spiel. Ein Artikel aus einer Zeitung oder eine Seite aus einem Buch sollen abgetippt werden. Dabei wird die Zeit gestoppt. Pro Fehler wird eine Strafsekunde hinzugegeben. Wer tippt am besten?

# ❷❸ *Zum Diktat, bitte!*

ab 2 Mitspielern
*Zubehör: jeweils ein Computer mit Bildschirm und Tastatur oder eine Schreibmaschine, außerdem eine Zeitung oder ein Buch*

Ein Mitspieler ist der Spielleiter, der einen Artikel aus einer Zeitung oder eine Seite aus einem Buch vorliest. Die Sekretärin oder der Sekretär müssen den Text tippen. Anschließend wird gewechselt. Zum Diktat, bitte!
Wer macht die wenigsten Fehler?

# ❷❹ *Galgenmännchen*

## 2 Mitspieler
### *Zubehör: ein Blatt Papier*
### *und ein Stift*

Ein Mitspieler denkt sich ein längeres Wort, zum Beispiel Kasperletheater. Er schreibt den ersten Buchstaben des Wortes auf und setzt für jeden fehlenden Buchstaben einen Strich:

K _ _ _ _ _ _ _ _ _ _ _ _ _ _

Ein anderer Mitspieler soll die fehlenden Buchstaben erraten. Meist wird er ein häufig vorkommendes „E" oder „A" wählen. Die Buchstaben werden eingetragen. Auch ein „S" kommt in dem Wort vor, das nun so aussieht:

K a s _ e _ _ e _ _ e a _ e _

Dann aber „hakt" es. Weder ein „M" noch ein „N" kommen vor, auch kein „B", „D" und „F", geschweige denn ein „Z". Bei jedem falschen Buchstaben wächst der Galgen um einen Strich, bis er fertig ist (siehe Abbildung). „G", „I", „U" und „V" stimmen ebenfalls nicht, auch ein „O" und „K" sind nicht enthalten: Dem armen Männchen fehlt nur noch das Gesicht. „Ä", „Ö", „W" und „C" – gefangen und gehangen!
Merke: Wer das Kasperletheater nicht erkennt, hängt.

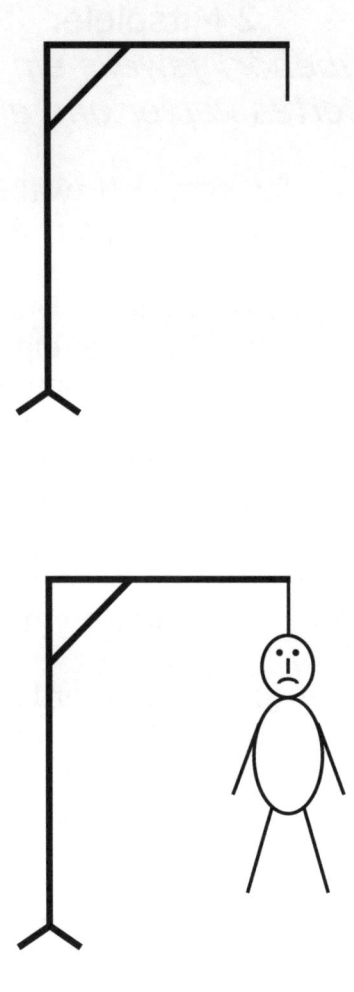

# ❷❺ *Papierschiffe versenken*

## 2 Mitspieler
### *Zubehör: jeweils ein Blatt kariertes Papier und ein Stift*

Beide Mitspieler fertigen sich zwei Pläne an, die an der Seite mit Buchstaben (von A bis J) und am oberen Rand mit Zahlen (von 1 bis 10) versehen werden (siehe Abbildung). Die Pläne stellen einmal das gegnerische und einmal das eigene Gebiet dar. In das eigene Kampfgebiet trägt man, ohne dass der andere Mitspieler es sieht, seine Flotte ein. Jeder Mitspieler verfügt über ein Schlachtschiff (fünf Kästchen lang), zwei Zerstörer (je vier Kästchen lang), drei Kreuzer (je drei Kästchen lang) und vier U-Boote (je zwei Kästchen). Die Schiffe dürfen nicht aneinanderstoßen.

Der Schießende gibt eine Koordinate an, auf die er feuert, zum Beispiel A5. Der Beschossene antwortet mit „Wasser", „Treffer" oder „versenkt". Ein Schiff gilt dann als versenkt, wenn alle Kästchen getroffen wurden. Der Beschossene muss die Treffer markieren, um zu sehen, wann ein Schiff versenkt wird. Der Schießende notiert seine Schüsse in den zu Beginn leeren Plan, der das gegnerische Gebiet darstellt.

Es wird abwechselnd geschossen. Wer zuerst alle Schiffchen versenkt hat, ist der Käpt'n im Büro.

|   | 1 | 2 | 3 | 4 | 5 | 6 | 7 | 8 | 9 | 10 |
|---|---|---|---|---|---|---|---|---|---|----|
| A |   |   |   |   |   |   |   |   |   |    |
| B |   |   |   |   |   |   |   |   |   |    |
| C |   |   |   |   |   |   |   |   |   |    |
| D |   |   |   |   |   |   |   |   |   |    |
| E |   |   |   |   |   |   |   |   |   |    |
| F |   |   |   |   |   |   |   |   |   |    |
| G |   |   |   |   |   |   |   |   |   |    |
| H |   |   |   |   |   |   |   |   |   |    |
| I |   |   |   |   |   |   |   |   |   |    |
| J |   |   |   |   |   |   |   |   |   |    |

|   | 1 | 2 | 3 | 4 | 5 | 6 | 7 | 8 | 9 | 10 |
|---|---|---|---|---|---|---|---|---|---|----|
| A |   | ■ | ■ |   |   | ■ | ■ | ■ | ■ | ■  |
| B |   |   |   |   |   |   |   |   |   |    |
| C |   |   | ■ |   |   |   | ■ | ■ |   |    |
| D | ■ |   | ■ |   |   |   |   |   |   | ■  |
| E | ■ |   |   |   |   |   |   |   |   | ■  |
| F | ■ |   |   |   |   |   |   |   |   | ■  |
| G | ■ |   | ■ |   |   |   |   |   |   | ■  |
| H |   |   | ■ |   |   | ■ | ■ | ■ |   |    |
| I |   |   |   |   |   |   |   |   |   |    |
| J |   | ■ | ■ | ■ |   | ■ | ■ | ■ | ■ |    |

# ❷❻ *Mittagspause würfeln*

### ab einem Mitspieler
### *Zubehör: ein Würfel,*
### *ein Stift und ein Blatt Papier*

Man <u>muss</u> dreimal hintereinander mit einem Würfel würfeln; ein viertes Mal <u>kann</u> man würfeln. Die gewürfelten Augen werden addiert. Ziel ist es, so dicht wie möglich an die Zahl 12 heran-zukommen. 12 (= 12 Uhr, das heißt Mittags-pause) ist der beste Wurf. Wer sich eine 12 zusammenwürfelt, darf Mittag machen.
Beispiel: 3 + 5 + 4 = Mittagspause. Mahlzeit!
Wer es nicht bis zur Zahl 12 geschafft hat, darf in der nächsten Runde weiterwürfeln. Wer aber über 12 würfelt, kann seine Mittagspause vergessen ... – und muss sich stattdessen mit Kaffee und Kuchen trösten. Kaffeezeit!!

# ❷❼ Dreieckspiel

ab 2 Mitspielern
*Zubehör: ein Blatt Papier;*
*ein Stift für jeden Mitspieler*

Auf einem Blatt Papier werden zunächst wahllos Punkte aufgemalt. Die Punkte sollen dann durch Striche verbunden werden, sodass Dreiecke entstehen. Jeder Mitspieler malt abwechselnd einen Strich. Derjenige Mitspieler, der ein Dreieck zumachen, das heißt den dritten Strich ziehen kann, versieht es mit dem Anfangsbuchstaben seines Vor- oder Nachnamens (siehe Abbildung). Nachdem er das Dreieck für sich beansprucht hat, darf er noch einen Strich ziehen. Wer schafft die meisten Dreiecke?

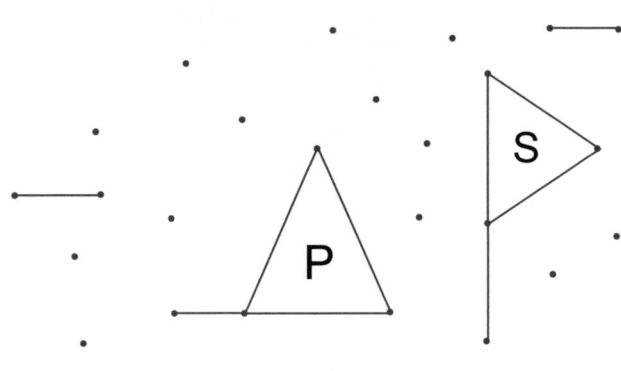

# ❷❽ *Einfache Büro-Mühle*

*2 Mitspieler*
*Zubehör: ein aufgemaltes einfaches*
*Mühlebrett (siehe Abbildung); für beide*
*Mitspieler jeweils drei gleiche Münzen*
*(z. B. 5-Cent- und 10-Cent-Stücke),*
*Kappen von Schreibgeräten oder Ähnliches*

Abwechselnd setzen die beiden Mitspieler ihre Mühlsteinchen auf das Brett. Ziel des Spiels ist es, als Erster eine Mühle zu bekommen, das heißt, die drei Münzen oder Kappen in eine Reihe – senkrecht oder waagerecht – zu bringen. Der Gegenspieler versucht dies zu verhindern, indem er seine eigenen Steinchen dazwischensetzt.
Wem gelingt die Büro-Mühle?

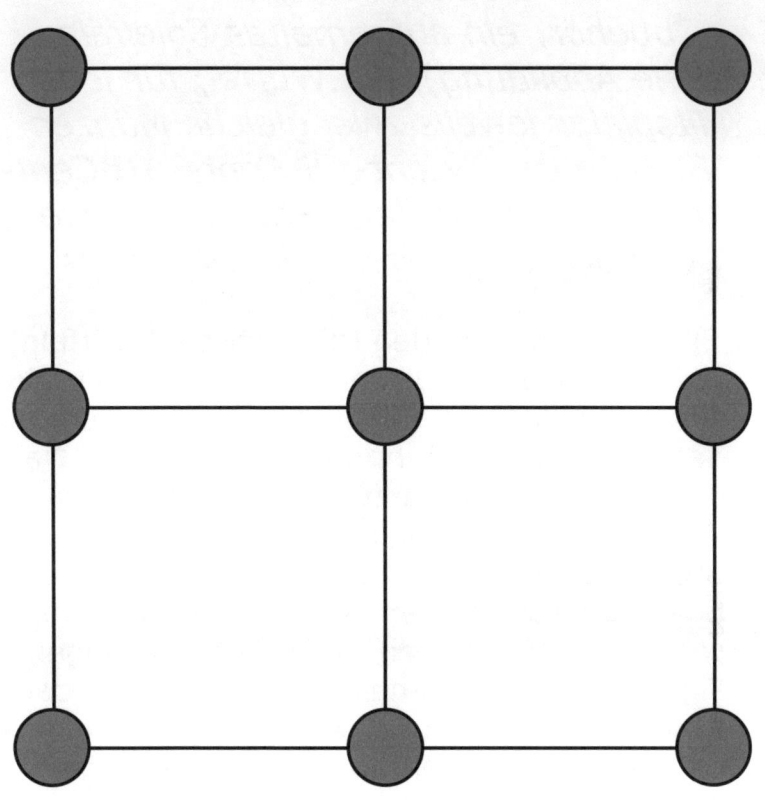

# ❷❾ *Kollege, ärgere dich nicht!*

2 bis 6 Mitspieler
*Zubehör: ein aufgemaltes Spielfeld
(siehe Abbildung), ein Würfel; für jeden
Mitspieler jeweils zwei gleiche Münzen
(z. B. 1-Cent-, 2-Cent-, 5-Cent-, 10-Cent-,
20-Cent- und 50-Cent-Stücke), Kappen
von Schreibgeräten oder Ähnliches*

Ein Spiel mit Überstunden (abwechselnd würfeln):
○ Jeder Mitspieler muss eine 6 würfeln, um eine seiner beiden Spielfiguren von draußen auf den Startplatz (S) bringen zu können. Nach erneutem Würfeln läuft die Figur entsprechend der gewürfelten Zahl im Uhrzeigersinn los.
○ Steht auf einem Platz bereits eine andere Spielfigur (außer der eigenen), so wird diese wieder nach draußen befördert. Die eigenen Figuren dürfen nebeneinandergesetzt werden.
○ F wie Frühstück und K wie Kaffee: einmal pausieren; M wie Mittag: zweimal aussetzen
○ Fragezeichen: Feierabend oder noch nicht? Wer hierhin kommt, darf noch mal: eine 5 gewürfelt – ein Feld vor, eine 6 – zwei vor, eine 3 – eins zurück, eine 2 – zwei zurück und eine 1 – drei Felder zurück. Nur mit einer 4 darf man „ab durch die Mitte". Der Sieger ist, wer beide Figuren (beruflich und privat) „unter einen Hut" bekommt.

# ❸⓪ *Doppelte Büro-Mühle*

*2 Mitspieler*
*Zubehör: ein aufgemaltes Mühlebrett*
*(siehe Abbildung); für beide Mitspieler*
*jeweils neun gleiche Mini-Münzen*
*(z. B. 1-Cent-Stücke, Pfennige), Kappen*
*von Schreibgeräten oder Ähnliches*

Die beiden Mitspieler setzen abwechselnd je ein Mühlsteinchen auf einen Schnitt- oder Eckpunkt des Spielfeldes und versuchen, eine Mühle (drei Steinchen nebeneinander) zu erhalten – und durch Dazwischensetzen eines Steines eine Mühle des Gegenspielers zu verhindern. Wem eine Mühle gelingt, der darf dem Gegner ein Teilchen (außer aus einer geschlossenen Mühle) stibitzen.

Sobald alle Steine (Münzen, Kappen) gesetzt sind, geht's im Stellungskampf weiter – in einem Zug jeweils zum benachbarten Punkt. Von Vorteil ist es, sich eine Doppelmühle zu bauen, mit der bei der Öffnung einer Mühle eine andere geschlossen wird.

Wer nur noch drei Teile besitzt, darf sie springen lassen, das heißt, auf jeden freien Schnitt- oder Eckpunkt setzen. Wird einem jedoch noch ein Teilchen abgenommen, so kann man seinen Gelegenheitsjob als Müller an den Nagel hängen – und muss ins Büro zurückkehren.

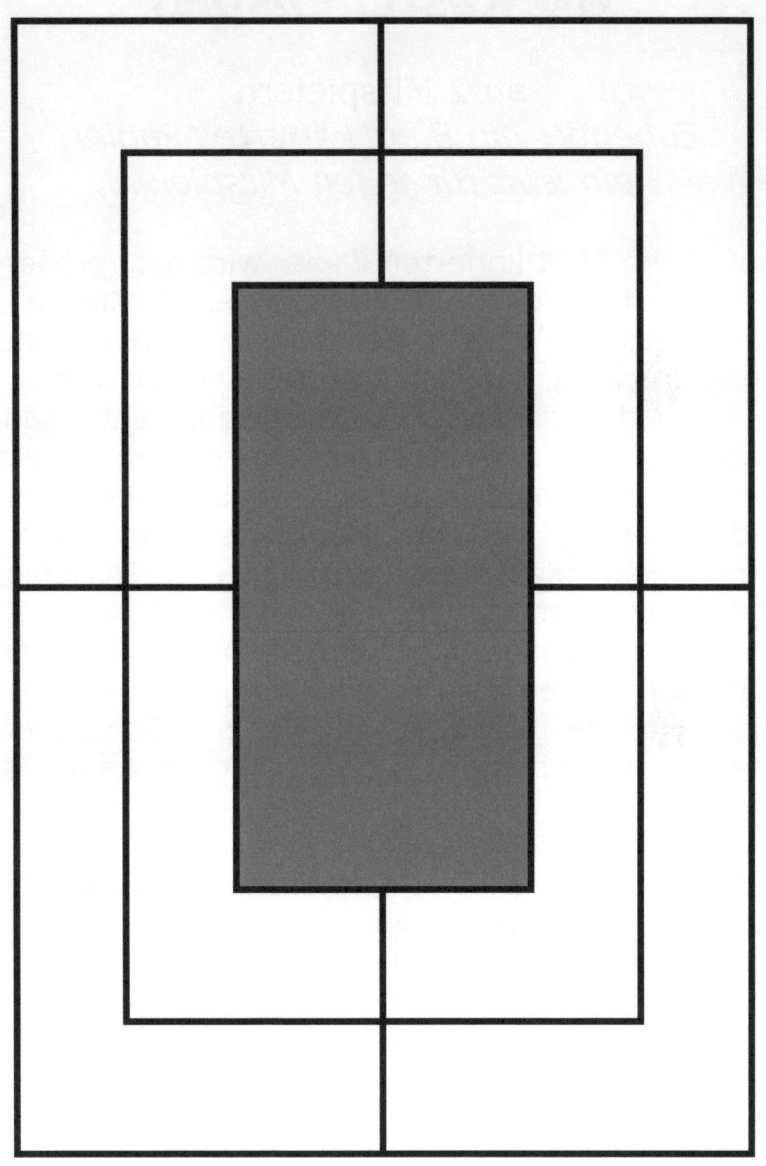

# ❸❶ *Kästchenspiel*

ab 2 Mitspielern
*Zubehör: ein Blatt kariertes Papier;*
*ein Stift für jeden Mitspieler*

Auf einem Blatt karierten Papier wird eine größere Fläche abgegrenzt. Nun malt jeder Mitspieler abwechselnd einen Strich an einem der vorgedruckten, kleinen Quadratkästchen entlang – entweder senkrecht oder waagerecht, ganz nach Belieben. Zunächst werden sich nur viele, viele Striche auf dem Papier ansammeln. Bald jedoch ergibt sich die Möglichkeit, mit einem Strich ein Kästchen zuzumachen. Derjenige Mitspieler, dem das gelingt, darf den Anfangsbuchstaben seines Vor- oder Nachnamens in das Kästchen malen (siehe Abbildung) – und noch einen weiteren Strich ziehen. Wer zum Schluss die meisten Kästchen für sich verbuchen kann, ist Sieger.

Hinweis: Um das Spiel längerfristig ausführen zu können, sollte genügend Büromaterial (in Form von Schreibblöcken oder Notizbüchern mit kariertem Papier) vorhanden sein. Im Zweifelsfall bitte an die Abteilung Einkauf wenden und eine Bestellung auslösen!

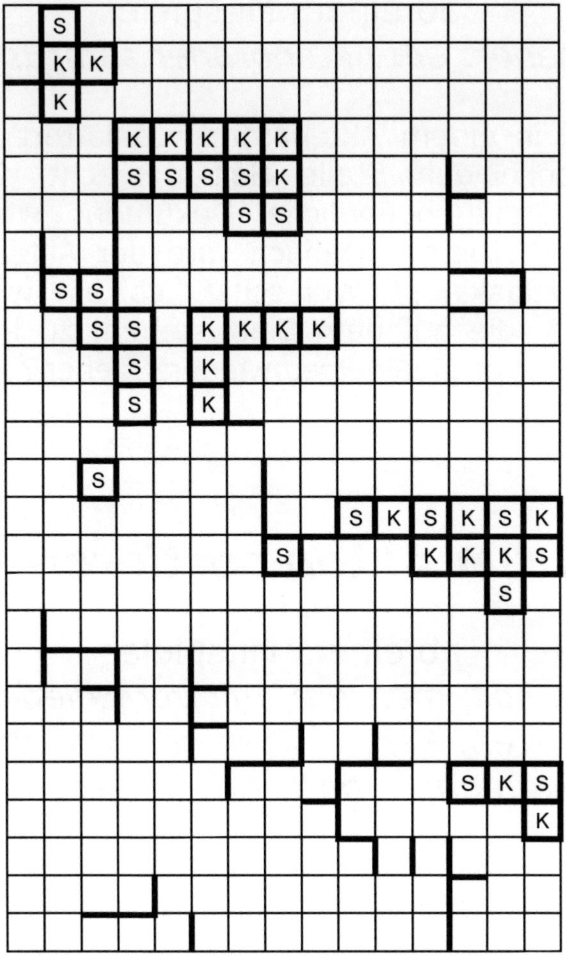

# ❸❷ *Akten studieren*

ab einem Mitspieler
*Zubehör: ein Aktenordner samt Inhalt*

Es wird in einem Aktenordner geblättert und an einer beliebigen Stelle Halt gemacht. Das an dieser Stelle befindliche Dokument wird nun sorgfältig studiert. Danach wird der Aktenordner wieder zugeklappt. Wer schafft es, alle wichtigen Angaben, die auf dem Blatt stehen, zu behalten und später originalgetreu wiederzugeben?

# ❸❸ *Akten sortieren*

ab einem Mitspieler
*Zubehör: mehrere, mit verschiedenen Papieren, Karteikarten oder sonstigen Dokumenten bestückte Aktenordner*

Aus den Aktenordnern werden jeweils einige Dokumente entnommen und in andere Ordner eingefügt. Wem es irgendwann gelingt, sie wieder an der richtigen Stelle unterzubringen, der hat gewonnen.

## ❸❹ Wer ist zuerst am Kopierer?

ab 2 Mitspielern
*Zubehör: jeweils ein Blatt Papier
zum Kopieren; ein Kopiergerät*

Jeder Mitspieler schnappt sich ein Blatt Papier und läuft, so fix wie er kann, zum Kopiergerät. Wer zuerst ankommt, der hat gewonnen und darf den Kopiervorgang starten.

## ❸❺ Papierkorbspiel

ab einem Mitspieler
*Zubehör: Papierkügelchen oder
andere, nicht mehr benötigte Dinge;
ein Papierkorb oder Abfallbehälter*

Wer mitspielen möchte, stellt sich in gebührender Entfernung zum Papierkorb auf. Das Papier, frisch aus dem Kopierer gekommen, wird zerknüllt und gelangt in hohem Bogen in den Abfallbehälter – oder landet dicht daneben auf dem Fußboden. Pro Treffer gibt es einen Punkt; ein Fehlwurf ergibt einen Punkt Abzug.

# ❸❻ *Wer tackert am schnellsten?*

ab 2 Mitspielern
*Zubehör: jeweils ein Stapel Papier
und ein Heftgerät zum Tackern*

Die Mitspieler haben die Aufgabe, jeweils zwei Blätter Papier zusammenzuheften. Wer seinen Stapel Papier als Erster abgearbeitet hat, der ist Sieger.

# ❸❼ *Wer locht am schnellsten?*

ab 2 Mitspielern
*Zubehör: jeweils ein Stapel Papier
und ein Locher zum Lochen*

Nun muss der ganze Stapel Papier noch gelocht werden, aber bitte nicht alle Blätter auf einmal! Es werden jeweils die beiden zusammengehefteten Blätter Papier genommen und mit Löchern versehen. Wer locht seinen Stapel am flottesten?

## ❸❽ *Schnipsel schätzen*

ab einem Mitspieler
*Zubehör: Papierkonfetti vom Lochen*

Die entstandenen Schnipsel sollen nicht ungenutzt bleiben. Als Nächstes wird geschätzt, wie viele Schnipsel sich inzwischen im Locher befinden. 600, 800 oder sogar tausend?
Die Schnipsel werden ausgezählt. Ziel ist es, mit der geschätzten Anzahl so nahe wie möglich an das tatsächliche Ergebnis zu kommen.

## ❸❾ *Schnipsel sortieren*

ab einem Mitspieler
*Zubehör: verschiedenfarbiges Papierkonfetti vom Lochen*

Die Schnipsel werden nun farbgerecht sortiert. Wer es schafft, die vielen Papierstückchen nach den unterschiedlichen Farben auseinanderzuklamüsern, der darf sie im nächsten Meeting als Papierkonfetti einsetzen oder langfristig für die fünfte Jahreszeit ansparen.

# ❹❶ *Was ist anders?*

ab 2 Mitspielern
*Zubehör: ein eingerichteter
Büroraum*

Während ein Mitspieler draußen wartet, wird im Zimmer einiges verändert: Der Papierkorb wird an einen anderen Platz gestellt, Stühle werden vertauscht, die leere Kaffeetasse wird vom Tisch genommen, und so weiter.
Der Mitspieler wird wieder hereingerufen und soll sich aufmerksam umschauen.
Was ist anders?

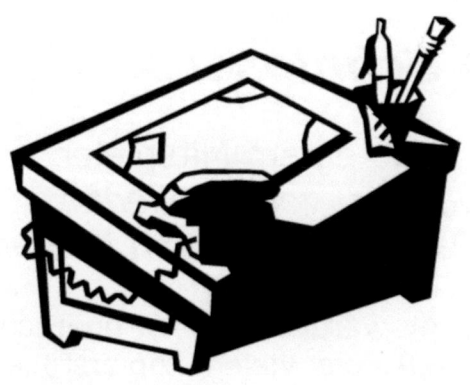

# ❹❶ Aufgabenspiel

ab 2 Mitspielern
*Zubehör: ein Blatt Papier
und ein Stift*

In bunter Reihenfolge liest ein Mitspieler, der den Chef mimt, eine Anzahl von Aufgaben vor, die zu erledigen sind. Wer kann sie sich alle merken und hinterher aus dem Gedächtnis aufsagen? Schwieriger noch wird es, wenn dazwischen ein anderes Spiel gespielt wird.

# ❹❷ Wörter bilden

ab 2 Mitspielern
*Zubehör: eine Zeitung oder ein Buch,
eine Uhr sowie für jeden Mitspieler ein
Blatt Papier und ein Stift*

Ein möglichst langes Wort wird durch Blättern in einer Zeitung oder in einem Buch gesucht und aufgeschrieben. In einer bestimmten Zeit muss nun jeder Mitspieler sämtliche Wörter notieren, die er aus den Buchstaben dieses Wortes bilden kann. Beispiel „Weihnachtsfeier": Wein, Wien, Nacht, Er, Sie, es, Feier, Eifer, Eier, usw.
Wer findet die meisten Wörter?

# ❹❸ *Bandwurmwort*

ab 2 Mitspielern
*Zubehör: ein Blatt Papier
und ein Stift*

Es soll ein langes, möglichst wichtig klingendes, bürokratisches Wort kreiert werden. Gemeinsam sucht sich's besser. Der erste Mitspieler wählt einen Buchstaben und schreibt ihn auf. Der nächste Mitspieler setzt den zweiten Buchstaben dahinter. Immer abwechselnd wird ein weiterer Buchstabe angefügt. Wer nicht weiterweiß, kann eine kleine Auszeit nehmen. Die Aufgabe gilt als erfüllt, sobald ein unverständliches und schwer zu merkendes Bandwurmwort entstanden ist.

Beispiele:
A-n-t-r-a-g-s-ä-n-d-e-r-u-n-g-s-a-u-s-f-ü-h-r-u-n-g-s-b-e-s-t-i-m-m-u-n-g-e-n
N-e-u-b-e-a-r-b-e-i-t-u-n-g-s-b-e-w-e-r-t-u-n-g-s-v-e-r-f-a-h-r-e-n

# ❹❹ *Wortmaschine*

ab 2 Mitspielern
*Zubehör: vorhandene Unterlagen,*
*eine Uhr; jeweils ein Blatt Papier*
*und ein Stift*

Es gilt, in der gegebenen Zeit so viele Wörter wie möglich zu produzieren. Die Wörter sollen mit einem bestimmten Anfangsbuchstaben beginnen und aus dem Büroumfeld der Mitspielenden stammen. Dabei dürfen auch Aktenordner gewälzt und Unterlagen durchgesehen werden.

Beispiele mit A: Akte, Aktenlage, Aktenzeichen, Aktualisierung, Amtshilfe, Amtsweg, Anspruchs-voraussetzungen, und so weiter.

Wer die meisten Wörter findet, ist Sieger.

# ❹❺ *Stadt – Land – Fluss*

### ab 2 Mitspielern
*Zubehör: jeweils ein Blatt Papier
und ein Stift*

Warum im Büro bleiben, wenn das Gute in der Ferne liegt?

Ein Mitspieler bestimmt einen Buchstaben. Dann schreibt jeder Mitspieler jeweils eine Stadt, ein Land, einen Fluss, ein Tier und eine Pflanze auf, die mit dem Buchstaben beginnen. Es können aber auch Urlaubsorte, Landschaften, Badeseen sowie Speisen und Getränke gewählt werden. Wenn ein Mitspieler fertig ist oder wenn keine passenden Namen mehr gefunden werden, wird die Runde ausgewertet. Es gelten nur die einmal angeführten Namen; von mehreren Mitspielern notierte Begriffe werden durchgestrichen.

Welcher der Kandidaten ist am erfolgreichsten?

# ❹❻ *Müde Mitschrift*

*ab 2 Mitspielern*
*Zubehör: ein Blatt Papier*
*und ein Stift, eventuell*
*eine Augenbinde*

Die vorangegangenen Spiele waren anstrengend genug. Daher wird nun Hilfestellung gegeben. Der oder die Hilfebedürftige schließt die Augen oder bekommt die Augen verbunden. Der fleißige Helfer führt die Hand der müden Person und schreibt so irgendwelche Wörter auf das Blatt Papier. Wie heißen die geschriebenen Wörter?

Variante: Wer müde und erschöpft ist, schreibt mit geschlossenen Augen selbst ein paar unleserliche Wörter oder halbe Sätze auf. Wer kann sie entziffern?

# ❹❼ *Schreibgeräte-Mikado*

ab einem Mitspieler
*Zubehör: eine ausreichende Anzahl
von Schreibgeräten (Kugelschreiber,
Bleistifte, Fasermaler u. a.)*

Beim Schreibgeräte-Mikado werden keine Stäbchen benutzt, sondern – wie der Name bereits verrät – allerlei Schreibgeräte verwendet. Die Schreibgeräte werden in eine Hand genommen, und zwar so, dass die Faust unten anliegt und die Schreibutensilien oben hervorragen. Durch plötzliches Loslassen fallen die Kugelschreiber, Bleistifte, Fasermaler und andere Stifte im Kreis nach unten. Nun müssen die Schreibgeräte einzeln aufgenommen werden. Sobald jedoch ein anderes Schreibgerät bewegt wird, darf ein anderer Mitspieler weitermachen.

Solo-Variante: Ein Mitspieler trainiert so viele Male, bis er einmal sämtliche Schreibgeräte aufgesammelt hat.

## ❹❽ *Büroklammerschnipsen I*

ab einem Mitspieler
*Zubehör: eine Büroklammer*

Eine Büroklammer soll in einen aufgemalten Kreis oder in ein anderes Ziel geschnipst werden. Je nach Entfernung können unterschiedliche Schwierigkeitsgrade festgelegt werden. Die Treffer werden mit entsprechenden Punkten (zum Beispiel: aus 50 cm Entfernung bis ins Ziel geschnipst = 50 Punkte) belohnt.

## ❹❾ *Büroklammerschnipsen II*

2 Mitspieler
*Zubehör: drei Büroklammern*
*und ein leerer Tisch*

Die Büroklammern liegen nebeneinander am „Anstoßpunkt" in der Tischmitte. Die beiden Mitspieler sitzen sich gegenüber. Nach einem ersten Schnipser muss stets eine Klammer zwischen den anderen beiden hindurchgeschnipst werden. Es gilt, eine Büroklammer ins „Tor" (gegnerischer Tischrand) zu befördern. Wenn sich zwei Klammern berühren, nach einem Seitenaus sowie nach einem Torerfolg ist der Kontrahent an der Reihe.

# ❺⓪ *Büroklammerkette*

ab 2 Mitspielern
*Zubehör: mindestens drei Büro-
klammern für jeden Mitspieler*

Die Mitspieler erhalten eine gleiche Anzahl von Büroklammern und müssen diese auf Kommando miteinander verketten. Je mehr Büroklammern verwendet werden, desto spannender wird das Spiel. Wer die Büroklammerkette am schnellsten hergestellt hat, der ist Sieger.

# ❺❶ *Büroklammerwettwickeln*

ab 2 Mitspielern
*Zubehör: eine Büroklammer und
ein Bindfaden für jeden Mitspieler
sowie eine Tür mit Klinke*

Gleich lange Bindfäden, so viele wie Mitspieler, werden mit dem einen Ende an der Türklinke befestigt. Am anderen Ende wird eine Büroklammer verknotet. Die Mitspieler halten ihre Büroklammer fest in den Händen – die Schnüre sind straff gespannt. Das Wickeln kann beginnen! Gewonnen hat, wer seine Büroklammer als Erster bis zur Tür gewickelt hat.

# ❺❷ *Psycho-Spiel*

## ab 3 Mitspielern
*Zubehör: jeweils ein Blatt Papier und ein Stift*

Die Probezeit geht langsam zu Ende, und ein Gespräch beim Personalchef steht bevor. Es wird psychologisch. Der Personalleiter stellt Fragen, die jeder Kandidat schriftlich beantworten muss.
Beispiel-Fragen:
Welches Spiel spielen Sie am liebsten?
Was essen Sie mittags besonders gern?
Wann möchten Sie heute Feierabend machen?
Der Personalchef muss erraten, von wem die einzelnen Antworten stammen. Es darf deshalb auch ein bisschen geflunkert und mit verstellter Schrift geschrieben werden.
In der nächsten Runde darf ein anderer Mitspieler Personalchef sein. Wer kennt seine Mitspieler am besten?

# ❺❸ *Gehalt würfeln*

ab 2 Mitspielern
*Zubehör: ein Würfel,
ein Stift und ein Blatt Papier*

Die Mitspieler würfeln abwechselnd mit einem Würfel. Es werden jeweils vier Würfe ausgeführt. Jeder Mitspieler muss nach einem Wurf entscheiden, an welche Stelle seine gewürfelte Zahl gelangen soll: an die erste, zweite, dritte oder vierte. Mit seinen Würfen verdient sich der Mitspieler das ihm zustehende Gehalt.

Beispiel: Mitspieler A würfelt eine 3 und setzt sie an die dritte Stelle – in der Hoffnung, die nachfolgenden Würfe mögen besser sein. Als Nächstes würfelt er eine 1 – und setzt sie an die letzte Stelle. Danach würfelt er eine 4 – die kommt an die zweite Stelle. Und schließlich würfelt er eine 6 – die setzt er nach ganz vorne. Mitspieler A verdient also 6.431 Euro im Monat.

Mitspieler B hat Pech gehabt: Er hat nur zwei Dreien, eine 2 und eine 1 gewürfelt – und wie folgt geordnet: 1332. Macht 1.332 Euro im Monat (brutto, versteht sich).

Wer das höchste Gehalt würfelt, gewinnt.

Variante für Geringverdiener: mit drei Würfen
Variante für Besserverdiener: mit fünf oder sechs Würfen

# ❺❹ *Gehaltszulage würfeln*

*ab 2 Mitspielern*
*Zubehör: ein Würfel,*
*ein Taschenrechner,*
*ein Stift und ein Blatt Papier*

Das Gehalt würfeln ist noch nicht beendet! Jetzt wird's völlig verrückt. Die Mitspieler können zwei weitere Würfe ausführen. Nach dem ersten Wurf muss man sich entscheiden, ob die gewürfelte Zahl gelten soll oder nicht. Wird der Wurf angenommen, so ist das im vorangegangenen Spiel erzielte Gehalt mit der nunmehr gewürfelten Zahl zu multiplizieren. Ansonsten kann man sein Glück mit einem zweiten Wurf versuchen. Dieser Wurf ist dann aber verbindlich!

Beispiel von Mitspieler A: Er würfelt eine 4 und nimmt den Wurf an. Sein Gehalt von 6.431 Euro wird nun mit 4 malgenommen. Das ergibt stattliche 25.724 Euro im Monat. Glückwunsch!

Mitspieler B hat erneut Pech. Er nimmt eine 2 nicht an und würfelt danach nur eine 1. Sein mickriges Gehalt von 1.332 Euro brutto verbessert sich dadurch leider nicht.

Variante: Das Spiel lässt sich auch mit dem tatsächlichen Gehalt durchführen. Damit es endlich mal eine Gehaltserhöhung gibt.

# ❺❺ *Luftballonspiel*

ab 2 Mitspielern
*Zubehör: ein oder mehrere
Luftballons*

Sie dürfen sich über Ihre Gehaltszulage freuen! Dazu kommt jetzt ein Luftballon ins Spiel; wenn Sie wollen, auch mehrere. Der oder die Luftballons werden hoch über den Köpfen der Mitspieler schweben gelassen. Die Luftballons dürfen mit den Händen, mit dem Kopf oder sonstigen Körperteilen angetippt werden. Wenn ein Luftballon auf den Fußboden fällt, so wird er wieder aufgenommen. Der eigene Schreibtisch muss jedoch sauber gehalten werden.
Der Mitspieler, auf dessen Schreibtisch ein Luftballon fällt, erhält einen Strafpunkt. Wer den dritten Punkt abbekommt, muss zur Strafe drei Minuten lang aussetzen und in dieser Zeit arbeiten.

# ❺❻ *Papier-Lauf*

ab 2 Mitspielern
*Zubehör: jeweils zwei Bogen Papier*
*oder zwei Pappen*

Die Mitspieler stellen sich nebeneinander an die „Startlinie" an einem Ende des Flurs. In den Händen halten die Wettläufer je zwei gleich große Stücke Papier oder Pappe (zum Beispiel alte, ausgediente Versandtaschen). Bei „Los!" legen sie das erste Papier vor den rechten Fuß, treten darauf, legen das zweite Papier vor das erste – Kante an Kante! –, stellen den linken Fuß darauf und heben den rechten Fuß an, nehmen das erste Papier wieder vom Boden, legen es vorne an, und so weiter. Man darf also jeweils nur auf einem Papier stehen; Schieben und Hüpfen sowie beide Füße auf einem Papier sind nicht erlaubt.
Wer erreicht als Erster das Ziel am anderen Ende des Flurs?

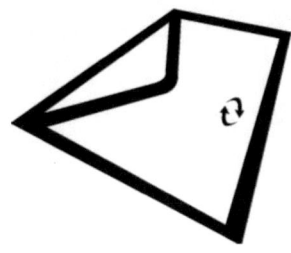

# ❺❼ *Sackhüpfen*

ab 2 Mitspielern
*Zubehör: für jeden Mitspieler
ein leerer, unbenutzter Abfallsack
oder ein Sack vom Weihnachtsmann*

Jeder Mitspieler nimmt vor der „Startlinie"
Aufstellung und steigt in einen langen weiten
Sack, den er mit beiden Händen festhält. Auf das
Kommando „Ab die Säcke – fertig – los!"
versuchen die Mitspielenden, so schnell wie
möglich zur „Ziellinie" zu hüpfen. Wer sich
verheddert und hinfällt, scheidet aus. Wer am
schnellsten hüpft, ist der beste Sack.

# ❺❽ *Stuhltanz*

ab 2 Mitspielern
*Zubehör: Stühle*
*(ein Stuhl weniger als Mitspieler);*
*ein Radio, eventuell ein Telefon*

Die Stühle werden so in einer Reihe aufgestellt, dass Lehne und Sitz immer abwechselnd nach vorn oder hinten schauen. Das Radio wird angestellt, fröhliche Musik erklingt.
Die Mitspieler wandern hintereinander um die Stuhlreihe, bis das Lied aufhört (oder das Telefon klingelt). Blitzschnell sucht sich jeder Mitspieler eine Sitzgelegenheit. Für einen Teilnehmer bleibt kein Stuhl übrig, er muss aufhören – und ein Stuhl wird zur Seite gestellt.
Zum Schluss wandern noch zwei Mitspieler um einen Stuhl. Wem es gelingt, sich zu setzen, der hat gewonnen.

# ❺❾ *Hahnenkampf*

## 2 Mitspieler

Die Arme über der Brust verschränkt, hüpfen die beiden Mitspieler auf einem Bein aufeinander zu und versuchen, sich durch kräftiges Anrempeln aus dem Gleichgewicht zu bringen. Wer mit dem zweiten Fuß den Boden berührt, hat verloren.

# ❻❿ *Armdrücken*

**2 Mitspieler**
*Zubehör: ein Tisch, zwei Stühle*

Die beiden Mitspieler sitzen sich an einem Tisch gegenüber. Beide setzen den Ellenbogen eines Arms auf den Tisch, strecken die Hand nach oben und reichen sich die Hand. Nun versuchen beide, den Arm des Kontrahenten auf die Tischplatte zu drücken. Die Ellenbogen der Kontrahenten müssen dabei stets auf dem Tisch liegen bleiben. Sieger ist, wer den Arm des Mitspielers so weit niederdrückt, dass der Handrücken die Tischplatte berührt.

# ❻❶ *Fingerhakeln*

**2 Mitspieler**
*Zubehör: ein Tisch, zwei Stühle*

Beide Mitspieler sitzen sich am Tisch gegenüber und haken sich am Mittelfinger einer Hand ein. Es gilt, den Kontrahenten am Finger zu sich herüber zu ziehen. Gewonnen hat, wer seinen Mitspieler über den Tisch gezogen hat.

## ❻❷ *Fußhakeln*

2 Mitspieler
*Zubehör: ein Tisch, zwei Stühle*

Die beiden Mitspieler sitzen sich am Tisch gegenüber, halten ihre Arme über der Brust verschränkt und haken sich an einem Fuß ein. Es gilt, den Kontrahenten am Fuß zu sich herüber zu ziehen. Gewonnen hat, wer seinen Mitspieler unter den Tisch gezogen hat.

## ❻❸ *Fußschieben*

2 Mitspieler
*Zubehör: ein Tisch, zwei Stühle*

Beide Mitspieler sitzen sich am Tisch gegenüber, halten ihre Arme über der Brust verschränkt und pressen einen Fuß gegeneinander. Es gilt, den Kontrahenten am Fuß wegzuschieben. Gewonnen hat, wer seinen Mitspieler vom Tisch weggeschoben hat.

Risiken und Nebenwirkungen: Vorsicht, wenn Schuhe mit spitzen Absätzen getragen werden!

# ❻❹ *Feierabend würfeln*

ab einem Mitspieler
*Zubehör: ein Würfel*

Man darf würfeln, solange man will. Bei mehreren Mitspielern: Würfelt man jedoch zwei Sechsen hintereinander, so kommt der Nächste dran (denn zu viel Sechs im Büro sollte nicht sein). Wer eine 1 und danach eine 6 (= 16 Uhr) würfelt, hat sich den Feierabend redlich verdient. Jetzt heißt es: die Sachen zusammenpacken!

Freitags-Variante: Wer eine 1 und danach eine 3 (= 13 Uhr) würfelt, darf zeitiger Schluss machen.

# ❻❺ *Schuhe anziehen*

ab 2 Mitspieler
*Voraussetzung: Schuhe mit Schnürsenkeln*

Die Mitspieler haben ihre Schuhe ausgezogen. Je zwei nicht zusammengehörende Schuhe werden miteinander verknotet. Auf „Los!" geht's los – wer zuerst seine Schuhe entknotet und angezogen hat, darf endlich nach Hause eilen. Feierabend!!

*Hier ist noch Platz für Ihr eigenes Spiel:*

*Hier ist noch mehr Platz für Ihr eigenes Spiel:*

Ebenfalls vom Autor stammen:

*Jedes Alter hat sein Spielzeug*

Sprichwörter, Sprüche und Weisheiten
für alle Lebensabschnitte

84 Seiten; ISBN 978-3-7448-8734-2

*Zahlen, Ziffern, Nummern und Buchstaben*

für Alltag, Freizeit, Schule und Beruf

392 Seiten; ISBN 978-3-8482-0956-9

Erhältlich im BoD Buchshop
und im gut sortierten Buchhandel.